Gustave de Beaumont

La Russie et les États-Unis au point de vue économique

Essai

 Le code de la propriété intellectuelle du 1er juillet 1992 interdit en effet expressément la photocopie à usage collectif sans autorisation des ayants droit. Or, cette pratique s'est généralisée dans les établissements d'enseignement supérieur, provoquant une baisse brutale des achats de livres et de revues, au point que la possibilité même pour les auteurs de créer des œuvres nouvelles et de les faire éditer correctement est aujourd'hui menacée. En application de la loi du 11 mars 1957, il est interdit de reproduire intégralement ou partiellement le présent ouvrage, sur quelque support que ce soir, sans autorisation de l'Éditeur ou du Centre Français d'Exploitation du Droit de Copie , 20, rue Grands Augustins, 75006 Paris.

ISBN : 978-1985339538

10 9 8 7 6 5 4 3 2 1

Gustave de Beaumont

La Russie et les États-Unis au point de vue économique

Essai

Table de Matières

La Russie et les États-Unis au point de vue économique   6

Notes   29

La Russie et les États-Unis au point de vue économique

Tandis que de nos jours, de l'autre côté de l'Atlantique, s'élève et se développe, sous l'influence seule du principe de liberté, un grand peuple, dont les progrès merveilleux étonnent le monde, — dans le même temps, sur le continent européen, un autre empire prospère et s'étend aussi dans d'immenses proportions sous les auspices et avec la protection seule du principe contraire, le pouvoir absolu. À part la question de savoir quelle est dans chacune de ces sociétés, — la société américaine et la société russe, — la condition plus ou moins heureuse des individus, il est certain que toutes les deux grandissent incessamment, semblent marcher d'un pas égal et comme à l'envi l'une de l'autre. Mêmes efforts d'extension par la conquête et par la colonisation, mêmes aspirations presque irrésistibles de l'une vers le passage du Bosphore, de l'autre vers l'isthme de Panama ; chez l'une et chez l'autre, d'immenses forêts que la cognée abat et que la charrue fertilise ; dans toutes les deux, de riches moissons dont les produits couvrent le monde ; ici les blés d'Odessa et les mines de la Sibérie, là l'or de la Californie et les cotons de la Nouvelle-Orléans ; ici une marine marchande dont l'accroissement est prodigieux, là une armée de terre dont l'augmentation semble ne connaître aucune limite. Quand on contemple le développement, sinon pareil, du moins simultané, de ces deux peuples, dont les institutions sont si opposées, on est frappé d'une comparaison qui s'offre sans cesse à l'esprit : c'est celle des moyens divers qu'emploient le despotisme et la liberté pour fonder des sociétés et des empires, de leurs procédés communs, des méthodes et des ressources propres à chacun d'eux, de leurs principes, de leurs effets différons ou semblables.

Pour bien faire cette comparaison, très digne assurément d'une sérieuse étude, il faut d'abord visiter les deux pays. Pour les États-Unis, l'exploration est facile, précisément parce que c'est un pays de liberté, où chacun entre comme il veut et d'où il sort de même ; cette facilité est encore accrue par la navigation à vapeur, qui a en quelque sorte supprimé l'intervalle de l'Atlantique, et par les voies de fer, qui ont presque aboli les distances de terre. En Russie, l'enquête est, il faut le reconnaître, beaucoup moins aisée à pratiquer. Ici le territoire est fermé, et quand on a su y pénétrer, l'observation est presque impossible au milieu des ombrages qui accueillent l'étranger. J'avoue sincèrement que je n'ai point fait ce second voyage, et que je ne me sens guère disposé à l'entreprendre. Je manquerais donc de l'un des points de comparaison, si je ne trouvais sous ma main le livre d'un Allemand distingué, M. le baron de Haxthausen [1], qui en 1846 et en 1847 a exécuté ce voyage de Russie, si difficile à bien faire, et l'a accompli dans des conditions exceptionnellement favorables, que bien peu de personnes pourraient espérer d'y rencontrer.

Pour voir la Russie, il faut d'ordinaire deux choses qui paraissent inconciliables : d'abord il faut y apporter, comme dans tout pays où l'on voyage, l'esprit d'examen et de critique, sans lequel il n'y a point d'observation ; d'un autre côté, il y faut tout admirer sans réserve, ou bien l'on risque fort d'être ramené à la frontière. Ainsi on circule librement en Russie à la condition d'y trouver tout bien, c'est-à-dire de n'y conserver aucune liberté d'esprit, et si l'on y porte la disposition morale nécessaire pour bien voir, le voyage devient matériellement impossible. Le baron de Haxthausen, sincère admirateur de la Russie, de ses institutions politiques et de son état social, portait en lui-même le meilleur passeport, non-seulement pour entrer dans ce pays, mais encore pour y être le bienvenu. Aussi voyons-nous que la Russie s'est partout ouverte pour lui ; le séjour qu'il y a fait n'a eu d'autres bornes que celles de son bon plaisir ; il a pu tout voir de près et tout *admirer* en toute liberté. — Maintenant a-t-il échappé aux inconvénients de cet avantage ? Ses admirations, en lui ouvrant le pays, ne lui ont-elles pas fermé les yeux, et n'est-il pas arrivé qu'avec la liberté de tout voir, il n'a rien vu ou mal vu ? M. de Haxthausen semble avoir surmonté ce double écueil, grâce à un mélange de défauts et de qualités dont la réunion se rencontre rarement chez le voyageur. Cet écrivain, dont le jugement semble souvent assez peu sûr, est doué d'ailleurs de la rare faculté de voir et de décrire tout ce qui s'offre à ses yeux, alors même que les faits contrarient ses opinions et ses sympathies. Quelle que soit sa partialité incontestable pour le gouvernement russe, il expose sincèrement les faits les moins favorables à celui-ci. En faisant son enquête, il ne trompe pas le gouvernement russe, car il l'admire ; il ne trompe pas non plus le lecteur, car il lui dit ce qui est. On voit que dans son livre il faut toujours distinguer avec soin les jugements qu'il porte des choses qu'il apprécie. Ce qui pour lui forme le texte d'une louange pourrait souvent motiver la plus sévère critique : on peut ainsi contester sa logique, jamais sa bonne foi. Sa prévention pour la Russie lui a justement mérité la faveur russe ; sa bonne foi lui doit concilier la confiance des lecteurs européens, qui peuvent profiter des vérités qu'il a recueillies, sans accepter ses erreurs. C'est apparemment ce que l'on a pensé en Allemagne, où son livre est cité sans cesse dans la polémique de la presse. Qu'importe, en effet, que ses calculs soient mauvais, si ses chiffres sont bons ? L'ouvrage de M. de Haxthausen est comme une mine d'or recouverte de pierres fausses. Le faux, c'est le raisonnement de l'écrivain ; le métal précieux, c'est le fait, que M. de Haxthausen a consciencieusement recherché et constaté avec une parfaite candeur. Pour moi, en lisant avec intérêt ce livre, écrit pourtant avec peu de talent, je me suis convaincu qu'on pouvait, sans quitter le coin du feu, faire avec l'auteur le voyage de Russie, de même qu'en lisant les souvenirs de M. Ampère sur l'Amérique [2], on fait le voyage des États-Unis, avec cette différence que dans les récits de M. Ampère on se plaît autant qu'on s'instruit, et qu'on peut accepter aussi bien les jugements qu'il porte que les faits qu'il constate !

Dans ces *Etudes sur la Situation intérieure, la Vie nationale et les institutions rurales de la Russie*, le baron de Haxthausen, qui a parcouru la Russie en tous sens, de l'est à l'ouest, du nord au sud, parle un peu de toutes choses, à la manière des voyageurs ; mais ce qui surtout parait avoir attiré son attention, c'est la situation économique du pays, ce sont les développements de l'industrie, du commerce et de la colonisation intérieure ; c'est la condition sociale des habitants des villes et des campagnes, et surtout celle des populations agricoles, c'est-à-dire l'étude des faits précisément les plus nécessaires pour l'examen de la question qui nous occupe ; Prenons un exemple. Nous avons dit tout à l'heure que ces deux pays, — les États-Unis et la Russie, — sont tous les deux conquérants, et sans doute on peut déjà, à l'occasion de ce caractère commun, apercevoir le mode particulier d'action qui appartient à chacun d'eux. L'Amérique du Nord envahissant le Texas, la Californie et le Mexique ne procède pas comme la Russie s'emparant de la Crimée, du Caucase ou de la Moldavie. Quand le gouvernement des États-Unis fait une conquête, à vrai dire, elle est déjà presque accomplie par les citoyens de ce pays. Ceux-ci, ne prenant conseil que de leur humeur aventureuse et de leur infatigable activité, se précipitent sur la contrée voisine, non pas l'épée, mais la charrue à la main ; ils s'y introduisent, s'y établissent, s'emparent des terres les plus fertiles, construisent des habitations, et ils sont déjà maîtres du pays lorsque se pose la question de savoir s'ils devront le conserver. Le gouvernement des États-Unis n'a été pour rien dans leur entreprise ; c'est sans son concours, quelquefois contre son gré et en dépit même de sa défense [3], qu'elle reçoit son exécution. La conquête se fait ainsi sans armée, ou plutôt l'armée conquérante en ce pays, ce sont les pionniers, c'est le peuple, un peuple innombrable, qui s'étend partout où il peut, et qui s'avance partout où il voit des espaces vides et des savanes à défricher. Le gouvernement américain finit cependant par intervenir, non pour vaincre des obstacles déjà surmontés, mais pour imprimer un caractère public à des aventures privées, et couvrir du nom de conquête ou d'annexion l'usurpation accomplie.

Aux États-Unis, la conquête est l'œuvre de l'activité individuelle et spontanée ; en Russie, elle procède de l'initiative du gouvernement. L'ordre de conquérir est donné d'en haut. À la voix du maître absolu, une armée s'élance vers la contrée, quelle qu'elle soit, dévouée à l'invasion, et son obéissance passive est la même, soit qu'on l'appelle vers les rives du Danube ou sur les bords de la Mer-Noire. Une proclamation engage la lutte que termine un bulletin glorieux, et un décret de l'empereur annonce solennellement la réunion à l'empire d'un nouveau territoire où plus tard on enverra des habitants.

Poursuivons l'exemple et la comparaison. La conquête est faite, il s'agit maintenant de peupler et de coloniser les territoires conquis. Comment pour cette œuvre procède la Russie ? Comment l'Amérique ? En d'autres termes, quelle est, dans l'un et dans l'autre pays, la méthode suivant laquelle se pratique la colonisation intérieure du pays ? Et d'abord, de quels éléments se compose-t-elle ici et là ?

Aux États-Unis, c'est, comme on sait, l'émigration étrangère qui en est la principale source. Depuis quelque temps, c'est par centaines de mille que les Européens se précipitent chaque année sur le territoire américain. Cette émigration est toute volontaire ; nul n'est contraint de venir, et c'est ce qui attire ; une fois venu, chacun est libre de s'en aller, c'est ce qui retient. On n'examine point pourquoi l'Européen, désireux d'une terre nouvelle, va la chercher au-delà des mers, à travers les frais et les périls d'une longue navigation, tandis que sur le continent même où il est né s'offrent à lui d'immenses espaces vacants et non moins fertiles que les terres qu'il va poursuivre au loin. Les rives du Volga sont naturellement aussi riches que les bords du Saint-Laurent ou du Mississipi. M. de Haxthausen constate en une foule d'occasions la merveilleuse fécondité du sol russe dans plusieurs régions où il ne manque absolument que des habitants, car avec ses soixante millions d'âmes, la Russie n'est qu'un grand désert. Il ne parait pas cependant que, pour sa colonisation intérieure, la Russie reçoive un grand secours de l'émigration volontaire des pays voisins. M. de Haxthausen parle bien de deux établissements, d'origine allemande, qu'il a trouvés très prospères, l'un sur les bords du Dnieper, celui des mennonites, espèce d'anabaptistes, d'abord émigrés en Prusse vers l'an 1540, puis en Russie vers 1783, et l'autre à Isarepta, fondé par des frères moraves en 1765. L'histoire nous montre bien aussi de temps à autre (en 1670, sous le règne d'Alexis Romanof ; au commencement de ce siècle, sous Alexandre) des Écossais, des Allemands venant en Russie, attirés par l'appât de privilèges passagers, tels que l'exemption temporaire de tout impôt, la promesse d'une condition libre, une subvention pour le premier établissement, etc. ; mais ce ne sont que de rares accidents. M. de Haxthausen ne cite nulle part le chiffre annuel de cette émigration, qui n'a point de courant visible et périodique, et qui parait presque nulle. On conçoit que les Allemands qui délaissent leur patrie dans l'espoir de trouver ailleurs plus de bien-être et de liberté n'aillent chercher en Russie ni l'un ni l'autre. Que valent d'ailleurs ces privilèges promis aux nouveaux venus ? On ne crée pas arbitrairement des oasis de bien-être et de liberté dans un pays dont toutes les institutions, d'accord avec le climat, fonctionnent, pour le despotisme et la servitude. Que peut valoir la promesse d'un droit là où il n'y a pas de droit, ou du moins le droit est dépourvu de toutes garanties individuelles ? Et puis, c'est chose grave que d'entrer dans un pays d'où l'on ne sort pas à volonté !

La Russie se colonise cependant, au moins partiellement, avec des éléments empruntés à l'étranger. Comment donc se fait cette colonisation ? En général, et sauf les cas exceptionnels que l'on vient d'indiquer, on peut dire que les colons étrangers établis en Russie sont tout simplement des prisonniers de guerre, ou les habitants d'une contrée nouvellement conquise transférés dans une autre partie de l'empire. Au milieu du XVIe siècle, nous voyons Ivan Wasiliéwitch établissant colons russes des Polonais prisonniers, puis des Allemands [4]. En 1617, Michel Fédérowitch transporte plusieurs milliers d'habitants de la Finlande et de la Carélie sur les terres qui s'étendent entre Twer et Moscou. Pierre le Grand fixe sur le sol russe un grand nombre de Suédois et de Finnois faits captifs à la guerre. Après la conquête de Narva et de Dorpat, en 1704, il amena de ces villes près de six mille habitants qu'il dispersa comme colons dans l'empire. Les mêmes pratiques furent employées à la suite des guerres, presque toutes heureuses, entreprises par la Russie depuis un siècle et demi. Dans des temps voisins de nous, et pour ne parler que d'un événement contemporain, on sait combien de milliers de Polonais ont été, après la prise de Varsovie par les troupes russes en septembre 1831, arrachés à leur patrie et transportés en Sibérie ; on peut donc dire que c'est la force des armes qui procure à la Russie ses colons étrangers.

Ce n'est pas que les monarques russes, que nous voyons demander des colons à la violence, n'aient souvent désiré et tenté de les obtenir de l'émigration volontaire. Nous parlions tout à l'heure des Polonais et des Allemands faits prisonniers et établis comme colons par Ivan Wasiliéwitch. Cet Ivan, surnommé le Terrible, était certainement l'un des plus abominables despotes qui aient jamais existé. C'est lui qui tua de sa main son propre fils, et qui, sur un soupçon de tyran, fit un jour massacrer vingt-cinq mille habitants de Novogorod, de cette magnifique cité, frappée à mort par ce coup, et qui antérieurement comme ville anséatique, c'est-à-dire comme ville libre [5], avait au moyen âge compté jusqu'à quatre cent mille habitants ! Ivan, qui tuait des hommes parce qu'il en avait la fantaisie, avait eu, en d'autres temps, la manie de les enrichir. C'est une pratique assez familière aux princes les plus barbares de se montrer amis de la civilisation, et d'appeler à grands frais dans leurs états le commerce, l'industrie et les arts, que proscrit leur despotisme. Il envoya donc en 1547 à Charles-Quint une ambassade pour lui demander des artisans et des ingénieurs allemands à l'effet d'instruire ses sujets. Ceci rappelle l'empereur Alexandre demandant à Napoléon des officiers de l'École polytechnique. Quoi qu'il en soit, Charles-Quint répondit à Ivan par un refus, et garda pour lui ses sujets. Un pays libre n'a pas besoin de ces négociations pour obtenir des habitants. Ceux-ci lui viennent d'eux-mêmes. La meilleure des primes offertes à l'émigration, c'est la liberté des personnes et la sûreté de la propriété dans la nouvelle patrie ; c'est ce qui attire aux États-Unis les colons, qu'introduit en Russie la force des armes.

Maintenant voici le colon arrivé en Russie, le voilà aux États-Unis : une fois entré dans l'un ou l'autre de ces deux pays, qu'y devient-il ? A quelle industrie va-t-il se vouer ? Comment en Russie, comment aux États-Unis s'établit une ferme, un centre d'exploitation quelconque, industrielle ou agricole ? comment s'y forme un village, puis une cité ?

Aux États-Unis, le nouveau colon est en général un étranger qui arrive on ne sait d'où, auquel on ne demande pas même d'où il vient, et qui, dès qu'il a touché un port de l'Union américaine, va où il lui plaît, parcourt, s'il le veut, tous les états, circule de l'un dans l'autre sans passeport, sans avoir à dire à personne son nom, sa demeure, ses desseins. Avant de prendre un parti et de se fixer sur un point déterminé du territoire, il délibère longuement. Et d'abord quelle profession adoptera-t-il ? Se fera-t-il cultivateur ou artisan ? Achètera-t-il du coton ou des terres ? Sera-t-il planteur ou marchand ? Son choix étant fixé, quel lieu sera le plus favorable à l'exercice de son industrie ? Quel est l'état nouveau où les émigrants font le plus vite leur fortune ? Est-ce Indiana, Missouri, Arkansas ? Faut-il s'enfoncer dans l'ouest jusqu'aux Montagnes-Rocheuses ? Ici se vendent à vil prix des terres fertiles : n'est-ce pas le cas de les acheter pour les revendre ? Cet emplacement favorisé par la rencontre de deux fleuves n'est-il pas destiné à devenir quelque jour le siège d'une grande cité ? Tous les terrains qui l'environnent ne centupleront-ils pas de prix ? N'y a-t-il pas déjà dans cette contrée plus d'agriculteurs qu'il n'en faut ? Celle-ci fournit-elle trop ou trop peu de céréales ? Voilà sur quoi délibère incessamment l'émigrant débarqué en Amérique, non-seulement le jour où il arrive dans ce pays, mais encore tout le temps qu'il y réside, — et de cette délibération continuelle, de cette fièvre ardente de spéculation abandonnée à toute sa liberté, naît en somme, non-seulement l'activité la plus avantageuse à chaque individu ingénieux à se créer une existence, mais encore la plus profitable au bien public. Ces graves questions, desquelles dépendent d'abord son sort particulier, puis l'intérêt général qui s'y lie, c'est lui seul qui les discute ; le gouvernement n'y prend aucune part. La théorie américaine est que l'intérêt privé, qui pour spéculer sur les intérêts généraux a besoin d'abord de les bien connaître, sait mieux les discerner que le pouvoir social et politique qui les juge de sa hauteur. Il semble en effet qu'en ces matières le bon sens du premier venu s'y entende mieux que le génie du plus grand homme. Les aventuriers qui, il y a moins de cinquante ans, hasardèrent sur les bords de l'Ohio l'établissement devenu Cincinnati, ne s'y sont pas trompés. Washington, en fondant la ville qui porte son nom dans un lieu mûrement délibéré, n'a créé qu'une cité artificielle et factice.

Il ne se fait en Russie rien de pareil. Le colon qui arrive n'a point à discuter des questions qu'il trouve toutes résolues. Le gouvernement a décidé qu'il placerait ici ou là un certain nombre de laboureurs ; le nouveau venu est dirigé avec sa feuille de route vers le champ qui lui est désigné, et sur lequel il est placé comme un soldat est mis en faction. Peut-être ce champ est-il stérile, peut-être ailleurs y a-t-il des terres fertiles non encore occupées, peut-être les céréales sont-elles surabondantes dans ce lieu où il va encore en accroître la quantité : ce sont là des questions qu'il n'a point à débattre. Son poste lui a été assigné, il n'a plus qu'à s'y tenir. Le jour où il est placé sur cette terre, il en fait partie comme le bétail que l'on installe sur une métairie. De ce jour il est serf. Le servage est le droit commun de toutes les populations agricoles de la Russie. Il faut excepter les Cosaques, qui, astreints à un service militaire spécial, ne connaissent ni corvées, ni servage, ni impôt, et que M. de Haxthausen, par une analogie un peu forcée, appelle la *chevalerie moderne* du peuple slave. Il y a bien aussi dans ce pays une classe de paysans dits *paysans libres*, créée par l'empereur Alexandre, et au sein de laquelle on peut espérer d'être admis ; mais ces paysans libres, qui du reste paient la capitation et sont soumis comme tous les autres à la conscription militaire, forment, une classe exceptionnelle et restreinte. Un ukase du 21 novembre 1601 astreint à la glèbe tous les paysans russes, sans faculté possible de changer le lieu de leur résidence. Sous Pierre le Grand, ils sont déclarés serfs. S'il est paysan de la couronne, le serf paie, sous le nom d'*obrock*, une certaine redevance qui, en général, n'excède pas 10 roubles [6]. La condition de paysan de la couronne est préférable, parce que la charge du serf, dans ce cas, est fixe et limitée. Si le paysan est la propriété de quelque seigneur, ce qui est le cas ordinaire, celui-ci lui impose soit des travaux de corvée, soit un *obrock* ou redevance fixe.

Presque tous les paysans des terres seigneuriales sont exploités par corvées [7]. La corvée est imposée partout où les terres sont fertiles et l'exploitation avantageuse. Là où la terre est médiocre ou stérile, on impose au serf un *obrock* ou redevance fixe. Il y a des paysans qui paient à leur seigneur un *obrock* de 50 roubles. L'*obrock* a cessé d'être la forme dominante de la redevance territoriale dans la Grande-Russie, parce que les seigneurs qui résident sur leurs terres trouvent plus profitable la corvée, c'est-à-dire l'exploitation du travail du serf appliqué à leurs domaines. L'abus de cette exploitation est tel que, pour le combattre, une loi a fixé à trois jours par semaine le maximum de travail que le seigneur a le droit d'exiger de ses serfs. Enfin, outre l'*obrock* qui est la charge fixe, et la corvée, qui est la redevance variable, il y a pour le paysan russe une autre forme d'impôt qui, lorsqu'il y est soumis, le dispense de tout autre : c'est d'avoir à loger, à chauffer, à éclairer et à nourrir dans son domicile, au sein de sa famille, un militaire non marié ; c'est la condition du paysan russe sur les terres des colonies militaires [8].

On a dit souvent qu'en Russie le sort du paysan dépend absolument du caractère personnel de son seigneur, qui, suivant qu'il est généreux ou inhumain, rend heureux ou misérables les serfs placés sous sa puissance. Cela est vrai dans une certaine mesure. M. de Haxthausen cite l'exemple d'un seigneur russe qui était si bon et si bienfaisant sur ses domaines, que toute l'ambition des serfs à l'entour était de l'avoir pour maître. Un jour les habitants d'un village voisin vinrent en masse lui témoigner la joie qu'ils éprouveraient de lui appartenir, et ce seigneur leur ayant répondu qu'il n'avait pas l'argent nécessaire pour les acheter, ceux-ci se procurèrent bientôt, à force d'industrie, la somme représentant la valeur vénale de leur village, y compris celle de leurs personnes, et la déposèrent aux pieds du seigneur, qui, avec cet argent, les acheta, et devint ainsi leur maître. Ceci prouve assurément que ce nouveau maître était bon ; mais on peut en conclure aussi que le premier était très mauvais. Quoi qu'il en soit, le meilleur de tous a le défaut d'être un maître absolu. Pour juger des conséquences qu'entraîne ce principe d'autorité sans bornes, il suffit de lire le résumé succinct que fait l'*Encyclopédie britannique* de la condition des paysans russes : « Ils sont, dit-elle, complètement esclaves. Leur maître peut leur infliger tel châtiment qu'il lui plaît, il lui est seulement interdit de les tuer, ou de les faire jeûner jusqu'à ce que mort s'ensuive, ou de les mutiler. Un serf ne peut se marier sans la permission de son maître. Celui-ci a le droit de vendre le serf ; mais si c'est un serf rural, il ne peut le vendre sans la terre à laquelle il est attaché [9]. » Un seigneur russe, M. de Pirsh de Krasnaja, adressait un jour aux serfs de son domaine une allocution qui définit assez bien aussi et plus brièvement encore l'autorité hiérarchique du seigneur sur ses paysans : « Je suis, leur disait-il, votre maître, et mon maître à moi, c'est l'empereur. Je dois obéir à l'empereur ; mais lui n'est pas le maître qui vous commande directement : dans ma terre, je représente l'empereur ; je dois répondre de vous devant Dieu [10]. »

Quoi qu'il en soit, voilà le colon russe établi dans son village. Comment ce village lui-même s'est-il constitué ? Comme tout se constitue en Russie, par l'autorité, de même que tout se fait aux États-Unis par la liberté. Non-seulement les villes en Russie se forment par décret de l'empereur, mais les moindres villages se fondent de même, et ce n'est pas seulement l'emplacement primitif qui est ainsi désigné, l'autorité préside aux moindres détails d'exécution. » Il n'y a pas, dit M. de Haxthausen, de si petite construction communale (telle qu'une église élevée par souscription particulière) qui, pour être établie, n'ait besoin d'être approuvée par un comité résidant à Saint-Pétersbourg. Rien n'égale la régularité et l'uniformité de ces villages bâtis administrativement. Toutes les rues y sont admirablement alignées ; les maisons y sont placées à égale distance l'une de l'autre. De même, dans les villes, où il est rare que les maisons aient plus de deux étages, le plan de construction de la moindre maison d'une ville du gouvernement doit être envoyé à Saint-Pétersbourg, pour y être approuvé. » A la vérité, les rues de ces villes et de ces villages si bien alignés ne sont ni pavées ni macadamisées : c'est à peine si l'on y peut passer ; il est vrai aussi que les routes par lesquelles on y arrive sont pour la plupart impraticables, mais faut-il s'étonner beaucoup que ces pauvres gens, qui voient le gouvernement central décréter la forme et l'alignement de leurs maisons, s'imaginent que c'est à lui aussi qu'il appartient d'entretenir leurs rues et leurs chemins ? Il arrive au baron de Haxthausen d'exprimer à ce sujet un sentiment dont la naïveté m'a frappé : malgré son admiration pour les institutions russes, il lui est impossible de ne pas voir que les routes de Russie sont détestables, et son étonnement est extrême. «… Voyez, dit-il, l'Amérique du Nord, qui se trouve dans une situation géographique à peu près pareille, sans unité et sans cohésion, dénuée d'autre part des *bienfaits que la volonté constante d'un monarque sait répandre, sur le pays qui lui appartient*, abandonnée aux seules luttes des intérêts matériels. L'Amérique a prospéré et développé sa puissance, grâce aux innombrables chaussées et chemins de fer qu'elle a eu le bon esprit d'établir… » L'auteur des *Études sur la Russie* ne parait pas soupçonner d'où a pu venir à l'Amérique ce bon esprit qui, outre sa prospérité générale, lui a donné d'excellentes voies de communication, ni d'où peut venir pour l'empire russe le mauvais génie qui l'en prive.

Ce n'est pas seulement sur l'aspect extérieur du pays, sur la forme des édifices et sur la voirie, publique que cette manie réglementaire influe ; elle agit aussi sur toutes les habitudes du paysan russe, qui, dans son village, est comme un soldat dans sa caserne. Le baron de Haxthausen décrit quelque part une scène de village qui l'a vivement frappé : ce sont tous les laboureurs d'une même commune, au lever du soleil, sortant ensemble à la même heure, à un signal donné, avec leurs charrues et leurs attelages, se rendant chacun dans son champ, labourant tous en même temps, cessant le travail à la même heure, revenant tous ensemble après la tâche faite et rentrant chacun dans sa demeure. Ne croit-on pas voir des militaires à l'exercice ? Il serait difficile de dire quel est pour le paysan russe le pire fléau, ou du seigneur qui l'exploite sur le lieu, ou du commis qui le réglemente. Il y a comme deux armées en Russie, et la plus formidable pour le pays, ce n'est pas l'armée des soldats, c'est celle des employés du pouvoir central, qui couvrent toute la surface du territoire et l'enlacent dans les liens de la plus terrible bureaucratie.

Veut-on, par un seul exemple, juger de l'esprit qui anime ces commis, et de l'opinion qu'ils se font de leurs droits et de leurs devoirs ? Au milieu des steppes brûlantes de la Tauride, dans la Russie méridionale, il existe des fermes isolées, éparses çà et là, comme il s'en établit dans toutes les contrées nouvelles. Ces habitations, appelées *choutors*, sont naturellement soumises à la surveillance de la police, qui, en Russie, est l'âme de la société. Or les agents de cette police, trouvant incommode d'exercer leur inspection sur les établissements ainsi disséminés, ont un jour adressé à l'empereur un rapport concluant à ce que, pour la facilité de leur service, ces habitants isolés les uns des autres fussent forcés de se rapprocher et de se fixer dans un centre commun, où ils fussent plus à portée de l'administration. Pour être juste, il faut reconnaître que le gouvernement russe a rejeté la pétition des fonctionnaires. Il leur a répondu disertement que le gouvernement était fait pour les sujets, et non ceux-ci pour le gouvernement. L'exemple n'en révèle pas moins quel esprit administratif existe en Russie.

Pour moi, je n'imagine pas un spectacle plus triste et plus fatigant pour les yeux et pour l'âme que celui que présente cette société russe, éparse sur son immense territoire, uniforme comme ses neiges, dans laquelle rien ne fait saillie ni ne s'élève au-dessus de la plaine, où tout est faiblesse, impuissance, néant, où l'individu disparaît dans une masse confuse, où une vie officielle est substituée à l'existence naturelle des peuples, où le règlement tient lieu du génie, la symétrie de l'ordre, l'obéissance de la pensée, où tout souffre et se tait parce que tout tremble, où tout tremble entre un commis et un soldat, où la douleur elle-même est monotone parce qu'elle est universelle, et que ceux qui l'éprouvent sont des atomes sans nom, où enfin l'égalité règne, celle de la misère commune. L'aspect de cette société m'attriste ; mais quand je considère que les 60 millions d'âmes dont elle se compose obéissent à un seul maître, que sur ces 60 millions plus de 50 parlent une même langue, suivent une même coutume, pratiquent une même religion, et lorsque j'entends M. de Haxthausen prédire que cette étrange démocratie, jugée par nous barbare et misérable, et qu'il juge, lui, heureuse et plus civilisée que nous, serait destinée, non à recevoir la civilisation de l'Occident, mais à lui imposer la sienne, alors cette société russe ne m'attristerait pas seulement, elle me ferait peur.

Telles sont les singulières anomalies de ce livre, que dans les mêmes pages où il fait naître une si vive et si pénible impression contre le régime russe, on trouve exprimée l'opinion que la condition du peuple en Russie n'est point malheureuse. Sans doute on comprend que ces grandes masses slaves, quand elles sont réunies (ce qui n'arrive guère qu'au sein des armées ou dans quelques grandes cités), soient, comme toutes les multitudes assemblées, accessibles à des mouvements d'enthousiasme : elles ont le sentiment commun de la patrie et de la religion ; mais suit-il de là qu'on puisse dire heureuse leur condition sociale ? Il y a en cette matière un juge plus sûr et plus compétent que M. de Haxthausen et que son lecteur : ce juge, c'est le peuple russe lui-même. Or comment admettre que les paysans russes soient satisfaits de leur sort, lorsque, d'après le témoignage même du voyageur allemand, nous les voyons éprouver une invincible répugnance pour le travail des champs auquel ils sont voués ; lorsque, sous l'empire de cette aversion qui ne les quitte pas un instant, ils aspirent incessamment à abandonner l'agriculture pour toute autre industrie, même la plus précaire ; lorsqu'on voit en eux ce sentiment tellement prononcé, qu'une fois échappés à leur village, qui représente à leurs yeux le servage agricole, ils n'y reviennent jamais [11] ; lorsque enfin un grand nombre d'entre eux soutirent si cruellement de leur état de serfs attachés à la glèbe, que pour en sortir ils préfèrent être envoyés en Sibérie ? Et quel est le régime de la Sibérie préféré par le paysan russe à son servage ? « A la tête de charpie village, en Sibérie, dit M. de Haxihausen, se trouve placé un soldat, la plupart du temps un Cosaque. Il maintient l'ordre parmi les colons, administre la justice à force coups de bâton… » Le paysan russe préfère cet odieux régime par une seule raison, c'est qu'en touchant le sol de la Sibérie, il cesse d'être serf.

S'il me fallait du reste un nouvel argument pour démontrer que le peuple russe n'éprouve point de son sort ce contentement qu'on lui suppose, je le trouverais dans le sentiment public dont, suivant le témoignage de M. de Haxthausen, la loi pénale est l'objet en Russie. Cette loi y est profondément impopulaire, détestée, et l'opinion publique se montre bienveillante pour tous les condamnés, surtout pour les exilés en Sibérie. Or c'est le signe presque infaillible d'un état social vicieux, et dans lequel le peuple souffre, quand la sympathie générale honore ceux que la justice a frappés.

Je sais qu'il existe une théorie politique suivant laquelle il ne faut tenir que peu de compte des maux individuels qui se produisent au sein d'un peuple, et ne voir que le but final auquel ce peuple est conduit. — Qu'est-ce, dit-on, que le sacrifice passager de quelques hommes, de quelques familles, de quelques générations même, si ce sacrifice a pour récompense un bien durable et permanent, l'établissement d'une grande nation ? Qu'importent les misères et les souffrances particulières, si la prospérité publique en résulte, et avec elle un gouvernement puissant et glorieux ? — Cette théorie ne me satisfait pas. Je n'ai jamais compris, je l'avoue, la facilité avec laquelle on dispose des individus pour le plus grand bien de la masse, et des générations présentes au profit de celles avenir. J'aime mieux cette définition de Bossuet, qui dit que *la vraie fin de la politique est de rendre la vie commode et les peuples heureux.* Et de quel droit commence-t-on par opprimer les hommes pour parvenir à les rendre heureux ? Qui autorise à torturer les uns pour assurer le bonheur des autres ? Je ne comprends pas mieux comment, même pour doter une nation de la gloire, qui est un bien collectif, on dépouille tous ses membres de la liberté, qui est un droit individuel.

Mais écartons la question morale et politique, et ne considérons pour un moment que la question économique. — Lequel vaut mieux pour la richesse agricole et industrielle d'un pays et pour la création du bien-être et de la prospérité publique, lequel vaut mieux, dis-je, de l'action libre des individus ou de l'autorité qui les mène ? Nous avons vu qu'aux États-Unis chacun choisit avec une entière liberté la profession qu'il lui plaît d'exercer, et que de cette faculté laissée à tous résulte naturellement la culture de tous les commerces et de toutes les industries le mieux appropriés aux besoins du plus grand nombre. Le même résultat est-il obtenu en Russie ? S'il existe en Russie un fait certain et bien constaté par M. de Haxthausen, qui en fournit mille preuves, c'est que dans ce pays, doté d'ailleurs de terres si fertiles, l'agriculture est languissante et ses produits minimes ; comparativement à ce qu'ils devraient être.

Maintenant, pourquoi l'agriculture en Russie est-elle improductive ou ne produit-elle que d'insignifiants bénéfices ? C'est par une raison que M. de Haxthausen semble n'avoir pas aperçue, et qui cependant doit tout d'abord frapper les yeux : c'est qu'il y a en Russie infiniment plus d'agriculteurs qu'il n'en faudrait pour satisfaire aux besoins réels, et il s'y trouve plus de paysans agricoles qu'il n'en est besoin, parce que ces paysans, étant serfs, ne peuvent à leur gré changer de condition. M. de Haxthausen se refuse à voir cette évidence, et n'apercevant pas les vraies causes du mal, il en indique d'imaginaires, qui sont assez curieuses pour mériter d'être rapportées. « L'agriculture, dit-il, manque de bras, parce que L'industrie manufacturière les lui enlève, et celle-ci est préférée parce qu'elle donne des salaires élevés, tandis que la terre n'en procure que d'insuffisants. » D'où l'auteur tire deux conséquences : la première, c'est qu'il faut se bien garder d'abolir le servage, qui seul aujourd'hui combat le mal en retenant le paysan dans les liens du sol, et sans lequel ce qui reste encore de serfs agricoles quitterait la terre pour la fabrique ; la seconde conséquence, c'est que si l'on veut détruire le servage en Russie, ce dont l'auteur est d'avis, il faut d'abord y détruire l'industrie manufacturière, dont la suppression ramènera au sol tous les bras nécessaires à l'agriculture, et que celle-ci, désormais leur seule ressource, conservera sans avoir besoin de la protection du servage. Aux yeux de M. de Haxthausen, cet intérêt de l'agriculture en Russie est dominant, exclusif. Il semble que le sort de la terre le touche plus que la destinée elle-même des êtres humains qui l'habitent, et, contemplant les immenses étendues non encore défrichées sur le sol russe, il s'écrie avec une sorte d'enthousiasme religieux : « Il faut à tout prix cultiver la terre en Russie ; c'est un devoir pieux, car Dieu a dit à l'homme : Tu travailleras la terre à la sueur de ton front [12]. » Quelle étrange confusion d'idées ! quelle accumulation d'erreurs ! Et ne voit-on pas une fois de plus jusqu'où peut s'égarer celui qui, s'écartant du vrai, substitue les chimères de son esprit à la réalité des choses ?

Ce n'est pas l'étendue du sol non cultivé qu'il faut considérer dans un pays : ce qu'il faut y voir, c'est la quantité de terre dont la culture y peut être entreprise utilement, et ce qui détermine cette quantité, c'est la mesure des besoins à satisfaire tant au dedans qu'au dehors ; ces besoins se révèlent eux-mêmes et se jugent par le prix des produits du sol. Si ces produits tombent à une certaine vileté de prix, c'est la preuve qu'ils sont inutiles ou exagérés, et dans ce cas, il faut ou supprimer la production ou la restreindre. Le paysan russe peut être très pauvre et mourir de faim au milieu de la plus abondante moisson, si les céréales sont à vil prix, et si, pour payer son *obrock* ou sa redevance, il est obligé de vendre tout ce qu'il a récolté. Il est absurde de faire de la culture pour de la culture, et nulle part les livres saints n'imposent à l'homme l'obligation d'arroser la terre d'une sueur stérile. Ce qui est juste, naturel, conforme à la loi de Dieu, c'est que l'homme dirige son bras avec l'intelligence qu'il a reçue du ciel et le porte vers le travail qui peut le plus contribuer à son bien-être et à celui de ses semblables, et c'est à cette loi que, dans son instinct obscurci par la servitude, mais non encore détruit, le paysan russe obéit, lorsqu'il s'efforce d'abandonner la terre, qui rétribue mal la main-d'œuvre, pour aller à la fabrique, qui paie des salaires élevés. Et pourquoi l'agriculture ne paie-t-elle que de vils salaires et ne donne-t-elle que de minimes produits ? Parce qu'elle a trop de bras. Pourquoi la fabrique paie-t-elle des salaires excessifs ? Parce que les ouvriers lui manquent. Evidemment les produits de l'industrie agricole sont surabondants et supérieurs aux besoins de la consommation : c'est le contraire pour l'industrie manufacturière, dont la production ne suffit pas à ce qui se consomme. Il y a là, dans la distribution des forces ouvrières de la Russie, un défaut d'équilibre dont la cause première est le vice social qui enchaîne presque toute la population à une seule industrie, l'industrie agricole. Lorsque le serf cherche à briser les chaînes qui le lient au sol pour aller à la fabrique, il fait instinctivement ce qu'il y a de plus utile pour rétablir l'harmonie entre les travaux de la production et les besoins de la consommation, et la loi qui le retient captif dans le village agricole perpétue le désordre autant qu'il est en elle.

La destruction de l'industrie manufacturière en Russie ne supprimerait pas le mal, elle l'aggraverait et le porterait au comble, puisqu'elle accroîtrait le nombre des ouvriers agricoles, déjà trop grand. Le salaire, aujourd'hui trop faible, de ceux-ci serait encore diminué, et la quantité des céréales, déjà surabondante, s'augmentant encore, la valeur vénale des produits de la terre tomberait encore plus bas qu'elle n'est. Ce n'est pas parce que l'ouvrier des fabriques est mieux payé que l'ouvrier de la terre l'est moins bien. L'industrie manufacturière et l'industrie agricole proportionnent leurs salaires à leurs bénéfices, qui eux-mêmes dépendent des services qu'elles rendent. L'abolition de l'industrie manufacturière aurait pour effet, en détruisant celle des industries qui prospère et en congédiant une masse de travailleurs, d'accroître le malaise de celle qui souffre et vers laquelle se reporteraient tous ces bras, dont elle a déjà un trop grand nombre.

Répétons-le donc, le vrai remède au mal, ce serait que le servage fût aboli, en d'autres termes que le travail devint libre. Cette liberté étant établie, l'équilibre se ferait bientôt entre toutes les industries qui ne sont que l'expression des divers besoins. Il est probable que dans le premier moment la terre serait délaissée plus qu'elle ne doit l'être pour les fabriques, recherchées avec excès ; mais ce discrédit du travail agricole cesserait bientôt, car les manufactures attirant trop de bras, la conséquence inévitable et prompte serait l'abaissement des salaires de l'industrie et l'augmentation des prix du travail agricole. On voit que pour l'agriculture, de même que pour toutes les autres industries, il n'y a qu'une seule et vraie protection : cette protection commune, c'est la liberté du travail de l'ouvrier ; la liberté de la personne et du travail, voilà tout ce qu'il faut pour la prospérité de toutes les industries, agricole, commerciale et manufacturière.

Il y a du reste une autre vérité dont, en lisant M. de Haxthausen, on acquiert la conviction : c'est que ce qui manque à la Russie pour être riche et prospère, ce n'est pas seulement une population libre, mais encore et surtout une bonne constitution de la propriété, domine dans tous les pays encore féodaux, la terre en Russie appartient à l'empereur, et sous l'empereur à la noblesse. Sous la noblesse, il n'y a que des serfs ou des occupons à titre précaire. Dans la plupart des pays d'Europe, avant même que la féodalité y fût détruite, il s'était introduit sur le sol des modes d'exploitation qui, tantôt sous la forme de rentes perpétuelles, tantôt à titre de baux emphytéotiques, ou sous la condition de baux temporaires, mais sans cesse prorogés, faisaient naître de longues possessions, les seules qui soient bienfaisantes pour L'agriculture, parce que ce sont celles qui par leur durée se rapprochent le plus de la propriété elle-même. M. de Haxthausen cite comme fait unique en Russie le cas d'un fermier à bail. Il a rencontré quelques laboureurs cultivant à moitié fruits, ou métayers [13] ; mais le mode presque universel d'exploitation est celui-ci. Le seigneur d'un domaine composant le territoire d'une commune dit aux habitants : « Je vous abandonne en bloc l'usufruit de ma terre ; j'estime à telle somme d'argent ce qui m'est dû ; arrangez-vous entre vous pour me la payer. » La commune répartit alors entre tous ses membres la culture des terres dont le domaine se compose. Le partage se fait au moyen de lots préparés en nombre égal à celui des chefs de famille existant dans le village. Ces lots faits, on les tire au sort, et chacun se met en possession du champ que le hasard lui a décerné. Ainsi il ne se trouve personne dans le village qui ne soit pourvu de sa part du sol russe. Cependant, comme le temps, l'âge, le mariage, amènent sans cesse de nouveaux chefs de famille qui ne l'étaient pas lors du tirage précédent, il faut bien de temps en temps procéder à une distribution nouvelle, afin que ceux qui n'ont point de terres en reçoivent. Ce nouveau tirage arrivant, toutes les terres sortent des mains de leurs possesseurs ; il en est fait une nouvelle masse que l'on divise par le nouveau chiure des prétendants, et toujours par la voie du sort, il est procédé à un nouveau partage du sol. L'époque de ces tirages successifs est fixée arbitrairement par le gouvernement central, qui met entre eux un intervalle tantôt de cinq, tantôt de dix ans, quelquefois plus, quelquefois moins.

Je ne sais si j'ai bien résumé ce système que M. de Haxthausen expose à plusieurs reprises, mais non sans quelque confusion, et pour lequel il professe du reste une admiration qu'il semble difficile de partager. « La commune, dit-il, est la famille en grand… Elle possède le sol… Chaque individu n'a que l'usufruit de sa part, et la part de chacun est égale ; le lot du père ne passe pas par héritage a ses fils…, mais chacun d'eux réclame une part en vertu de son droit individuel comme membre de la commune, dont le chef absolu ou père fictif se nomme l'ancien (*emapocma*) [14]. » Plus loin, M. de Haxthausen dit encore : « La France reconnaît à ses habitants le droit de morceler le sol et de le vendre comme toute autre marchandise. La Russie va encore plus loin : elle soumet sa terre à un partage continuel ; elle donne à chacun de ses enfants un droit égal à l'usufruit de sa terre, qui n'est pas, comme en France, propriété exclusive de l'individu, mais la propriété collective du peuple, représenté par la commune. La Russie veut que chaque individu du peuple jouisse d'une portion de terre, et que cette jouissance ou ce droit de possession soit parfaitement identique pour tous ses membres. En France, le sol est la propriété exclusive des individus ; en Russie, il constitue un bien général qui ne concède aux unités que le droit de possession temporaire ou d'usufruit. » Enfin M. de Haxthausen ajoute ceci : « Tout Russe a droit à une part du sol ; aussi n'y a-t-il point de prolétaire en Russie… Dans les autres pays de l'Europe, des bruits sourds annoncent l'approche d'une révolution sociale dirigée contre la propriété et la division égale des terres ; en Russie, un pareil bouleversement est impossible. L'utopie des révolutionnaires européens, saint-simoniens et fouriéristes, s'y trouve déjà réalisée par l'application de l'un des premiers principes de la vie nationale… Ce principe, c'est l'association, principe inné chez les Slaves. »

Cependant, si j'ai bien compris le système exposé par M. de Haxthausen, il en résulte premièrement que la commune russe n'a pas la propriété du sol, et a seulement la propriété de l'usufruit, qu'ainsi elle demeure chargée de la rente due au propriétaire du fonds ; — en second lieu, qu'elle divise entre tous ses habitants cet usufruit général, dont le partage met chacun d'eux cm possession d'un lot de terre, à la charge de payer sa part de la redevance commune ; — troisièmement, que la jouissance de cette terre ne dure que le temps qui s'écoule entre deux tirages ; — enfin que cet intervalle est absolument incertain, puisque le moment qui sépare un tirage de l'autre n'est jamais déterminé. Maintenant on se demande si c'est sérieusement que M. de Haxthausen place le paysan russe possesseur de cet usufruit précaire au-dessus du paysan français, propriétaire ou fermier, c'est-à-dire maître du sol, ou maître d'une possession dont la durée est certaine ! De quelle valeur peut être pour le paysan russe ce lot de terre que le sort lui attribue aujourd'hui, et que demain peut-être le sort lui reprendra ? Quel intérêt a-t-il à améliorer ce champ, qui, fécondé par son travail, passera au premier jour en d'autres mains ? De quelle sécurité peut jouir le cultivateur, incessamment placé sous la menace d'une nouvelle distribution des terres ? Non seulement le paysan russe n'est pas propriétaire, il n'est pas même usufruitier ; il n'a qu'une possession, la plus fragile et la plus précaire de toutes, celle qui dépend du caprice du sort provoqué par l'arbitraire de l'homme. Là où M. de Haxthausen ne voit que des propriétaires, je n'en aperçois pas un seul, et tandis qu'à ses yeux il n'y a pas de prolétaire en Russie, il me semble que tout le monde l'est. Je ne sais si les disciples de Fourier et de Saint-Simon seront très flattés de trouver leurs théories ainsi rapprochées de la *civilisation russe*. Je n'ai point à leur venir en aide contre cette confusion. Il m'est impossible cependant de voir rien qui ressemble à une association dans ce village et ces paysans russes cultivant chacun le champ distinct que le sort lui attribue, et dont chacun aussi recueille séparément les fruits. J'ajoute que dans le système de la commune russe il y a tout à la fois plus et moins que dans le communisme moderne. Il ne me paraît pas que nos communistes entendent que les lots partagés demeurent débiteurs d'une rente envers l'ancien propriétaire ; ils divisent entre eux le sol franc et libre de toute charge. Sous ce rapport, la condition des partageants est meilleure que dans la commune russe ; mais le paysan russe, si précaire que soit sa possession, a un lot personnel ; il a une possession individuelle que n'admet pas le communisme, et à ce point de vue la condition du communiste serait certainement pire que celle du paysan russe. En somme, le sort de l'un et de l'autre ne peut être que misérable.

Ce que M. de Haxthausen, d'accord en cela du reste avec beaucoup de nos révolutionnaires, appelle le dernier terme du progrès social est à mes yeux tout ce qu'il y a de plus rétrograde. La communauté ou l'instabilité du sol établie parmi les paysans russes, sous la forme de cette possession mobile et incertaine, est l'institution de tous les temps primitifs et de tous les peuples barbares : il n'y a rien de si vieux et de si arriéré. La propriété individuelle, la propriété stable, la propriété civile que le droit consacre et ne crée pas, parce qu'elle lui est supérieure, la propriété pour la défense de laquelle, si petite qu'elle soit, toutes les puissances sociales et politiques sont mises en œuvre, voilà l'institution civilisée, voilà le progrès. Que la propriété soit distribuée en grandes terres et en grandes fermes comme en Angleterre ; qu'elle soit, comme en France, divisée par petits héritages et par fermes plus petites encore ; qu'elle consiste eu domaines intermédiaires et moyens comme en Allemagne : peu importe, pourvu que son principe soit certain, son droit solide, sa possession individuelle.

En Russie, non-seulement ceux aux mains desquels se trouve la terre ne sont pas propriétaires, mais leur possession même est vaine parce qu'elle est sans titre et sans durée. Faut-il s'étonner maintenant si la population en Russie, loin d'être favorable à ce système de partage continuel, y soit profondément hostile ? S'étonnera-t-on si des hommes qui n'ont aucune idée ; juste de la propriété ne professent pour elle aucun respect, si, selon les termes mêmes de M. de Haxthausen, *les liens de la propriété ne sont nulle part plus faibles qu'en Russie !* Faut-il être surpris si le serf cultive sans goût, sans ardeur, ce champ d'un jour ; s'il désire si vivement de le quitter, et si, à la différence du paysan français, que la terre ramène toujours à elle, le paysan russe, quand il s'en est éloigné, n'y revient jamais ? Comprend-on à présent pourquoi, sur cette terre où rien ne l'attache ni ne l'intéresse, il est saisi d'un profond dégoût, et tombe dans un complet désœuvrement ; comment enfin, lorsqu'il ne se réfugie pas dans les joies de la famille, son seul asile, il se précipite sans mesure ni frein dans tous les excès de l'ivrognerie, qui, selon M. de Haxthausen, est le vice commun des Russes [15] ? Enfin n'aperçoit-on pas comment, ne pouvant être sur le sol ni propriétaire, ni fermier, ni métayer, ni journalier à gages, il recherche la manufacturé, dans laquelle il trouve du moins un salaire fixe et personnel, qui est déjà un commencement de propriété ?

Si j'avais à résumer sous une forme très générale la comparaison établie plus haut entre la société russe et celle des États-Unis, je dirais que dans celle-ci la distribution de la propriété et du capital est telle que les individus, en travaillant à la richesse publique, se procurent pour eux-mêmes la plus grande somme possible de jouissances et de bien-être, tandis qu'en Russie on ne saurait imaginer une quantité plus considérable de travailleurs misérables, créant plus péniblement une moindre somme de produits utiles. Cependant, si l'on en croit M. de Haxthausen, le principe de communauté ou de communisme sur lequel repose la propriété en Russie tiendrait à quelque chose de plus profond encore que la raison politique et sociale ; il aurait pour fondement la race même des populations slaves, dont le génie répugnerait à la propriété individuelle, et serait au contraire profondément sympathique à la propriété commune [16]. « Le principe du partage égal, dit M. de Haxthausen, découle du plus ancien principe du droit des Slaves, savoir : l'indivisibilité du bien de la famille et la division de l'usufruit » » Ailleurs il dit encore : « Le Slave, contraire à la corporation, qui admet une hiérarchie de chefs et de subordonnés, est ami de l'association, qui ne connaît que des égaux. » Sans cesse l'auteur revient sur cette idée, que les populations slaves sont par leur nature même prédisposées aux institutions du pouvoir absolu et antipathiques aux institutions de liberté.

Je me défie, je l'avoue, de ces théories étroites et absolues qui prétendent tout expliquer par l'origine des nations et qui attribuent exclusivement à une première goutte de sang toutes ces révolutions des empires, dont les grands esprits de tous les âges, Thucydide et Tite-Live. Machiavel et Montesquieu, cherchaient le secret dans les institutions bienfaisantes ou funestes, dans les vices ou dans les vertus des peuples. Outre que cette théorie me paraît fausse, je la crois très dangereuse, et je n'en connais pas de plus capable de détourner les hommes de toute énergie en leur fournissant l'excuse légitime de toutes les lâchetés. Sans doute l'influence de la race, renfermée dans de certaines limites, ne se peut nier pas plus que celle de la famille, de l'éducation et des mœurs : il est certain qu'il existe parmi les peuples comme dans les individus des aptitudes diverses, des facultés spéciales ; mais en admettant ces diversités, d'un ordre secondaire, il ne faut jamais perdre de vue les grands traits généraux communs à tous les hommes et à tous les peuples. De même que tous les êtres humains éprouvent les mêmes appétits matériels, qui sont une condition de la vie physique, tous aussi sont doués de certaines facultés immatérielles qui font partie de leur existence morale ; tous possèdent l'amour instinctif de la liberté et de la propriété, de la liberté, qui est l'image de la personne ; de la propriété, qui est l'expression de ses besoins. Les uns, par le hasard des circonstances, naissent, dans une condition libre, les autres dans la servitude, ceux-ci avec des biens dont ceux-là sont privés. Les premiers perdent par leurs vices ce que les seconds ont le mérite de créer ; mais tous sont heureux de la possession, tous souffrent de la privation de ces biens, tous en jouissent, les désirent ou les regrettent. Que l'égoïsme, fécond en illusions et en paradoxes, s'abuse sur ces vérités et les obscurcisse, on le conçoit ;

mais que la science, n'intervienne pas et ne soit pas invoquée au secours d'erreurs qu'elle combat et de mensonges qu'elle désavoue !

Si l'on veut pénétrer au fond de la société russe, on voit que ce qui rend profondément misérable L'habitant de ce pays, ce qui le précipite dans Ions les vices, compagnons habituels de la misère et de la corruption, c'est précisément la privation de ces deux biens essentiels à l'homme, et qui ne peuvent lui faire défaut sans que l'économie morale de son être en soit profondément troublée. Il est misérable, surtout parce qu'il est serf et parce qu'il est ainsi destitué de ces biens essentiels à l'homme : la liberté et la propriété.

Le remède à cette misère ne saurait être prompt et subit, car c'est une des tristes lois de l'humanité, que plus une plaie sociale a duré, et plus la guérison est lente ; mais M. de Haxihausen, qui observe tout si bien alors même qu'il juge si mal, montre parfaitement dans son livre de quel côté viendra le remède : il viendra de ce développement industriel dont le progrès l'alarme tant, et qui est si frappant dans toute la Russie. De là naîtront deux choses : une propriété créée par le travail et une classe moyenne investie de cette propriété, c'est-à-dire une classe tout à la fois intelligente et laborieuse. Catherine II voulut fonder cette classe, et en 1832 un ukase de l'empereur Nicolas décréta la création de la classe bourgeoise. Décrets vains et puérils et qui attestent bien les illusions de l'omnipotence d'un seul ! Ce qui créera la classe moyenne en Russie, c'est le travail, qui transforme les prolétaires en ouvriers, ceux-ci en artisans, ceux-ci en commerçants et fabricants, ceux-ci encore en propriétaires. Que les tsars rendent libre le travail, qui aujourd'hui en Russie ne l'est pas ; qu'ils en assurent l'exercice sous la protection des lois ; qu'ils ouvrent à ses produits l'acquisition de la propriété foncière tout à la fois aliénable et inviolable, et ils pourront réellement dire qu'ils ont créé la classe bourgeoise. Et puis, la classe bourgeoise étant créée avec la propriété moyenne, avec elle viennent les lumières, les services, l'influence, le crédit ; avec elle naissent des droits ; ces droits, quand ils sont écrits dans les lois et consacrés par les mœurs, c'est la liberté… Jusque-là il peut sans doute y avoir en Russie une nation considérable par le nombre et puissante par les armes : il n'y a pas un peuple riche et prospère. La force et la conquête sont assurément puissantes à fonder des empires ; la liberté seule rend heureux les sujets, et en même temps qu'elle leur donne le bien-être, elle leur confère seule ce qui constitue la vraie grandeur d'un peuple, la moralité et la dignité.

Notes

1. Études sur la Situation intérieure, la Vie nationale et les Institutions rurales de la Russie, par M. le baron de Haxthausen ; 3 vol. in-8°. Hanovre, 1847-1853.

2. Voyez cette série dans la Revue, livraisons des Ier et 15 janvier, Ier et 15 février, 15 mais, Ier avril, Ier mai, 15 juin, 15 juillet, 15 septembre, Ier et 15 octobre 1853.

3. Comme le prouve l'entreprise contre cuba.

4. Voyez M. de Haxthausen, t. II, p. 244.

5. Anséatique vient du vieux mot allemand hanse, qui veut dira association, union.

6. Le rouble (d'argent) vaut environ 4 fr. de notre monnaie.

7. M. de Haxthausen, t. II, p. 8 et 114.

8. M. de Haxtlhausen,t II, p. 129 et 200.

9. Penny Cyclopedia ; voyez. Russia.

10. M. de Haxthausen, tome II, p. 3.

11. On a reconnu, dit -M. de Hiasthausen, comme un fait général, qu'une fois sorti de la classe des agriculteurs, le paysan ne revient jamais à sa première condition.

12. Tome Ier, p. 150.

13. Ces métayers, en Russie, s'appellent polinick. Voyez t. Ier. p. 155.

14. Introduction, p. 9.

15. « L'ivrognerie est la poste de l'empire russe. » Tome II, p. 446.

16. Tome Ier, p. 114. Il y a en Russie 61 millions d'habitants: les 9/10èmes sont slaves, plus des deux tiers sont Slaves tusses, il y a en Russie 40 millions de Slaves russes, sans compter les Slaves polonais, Lithuaniens, lettes, valaques et serbes.

ISBN : 978-1985339538

www.ingramcontent.com/pod-product-compliance
Lightning Source LLC
Chambersburg PA
CBHW070959220526
45471CB00007B/3101